GEÇMİŞTEN GÜNÜMÜZE

İPEK

Ann Weil

Çeviri: Barış Cezar

TÜBİTAK
Popüler Bilim Kitapları

TÜBİTAK Popüler Bilim Kitapları 888

Geçmişten Günümüze - İpek
True Stories - The Story Behind Silk
Ann Weil
Tasarım: Philippa Jenkins
Resimleyen: David Westerfield
Görsel Araştırma: Hannah Taylor ve Mica Brancic

Çeviri: Barış Cezar
Redaksiyon: Evra Günhan Şenol
Türkçe Metnin Bilimsel Danışmanı: Prof. Dr. Nihat Çelik
Tashih: Simge Konu Ünsal

Text © Capstone Global Library Limited, 2012
Original Illustrations © Capstone Global Library Ltd., 2012
Türkçe Yayın Hakkı © Türkiye Bilimsel ve Teknolojik Araştırma Kurumu, 2015

Bu yapıtın bütün hakları saklıdır. Yazılar ve görsel malzemeler,
izin alınmadan tümüyle veya kısmen yayımlanamaz.

TÜBİTAK Popüler Bilim Kitapları'nın seçimi ve değerlendirilmesi
TÜBİTAK Kitaplar Yayın Danışma Kurulu tarafından yapılmaktadır.

ISBN 978 - 605 - 312 - 120 - 6

Yayıncı Sertifika No: 15368

1. Basım Aralık 2017 (5000 adet)

Genel Yayın Yönetmeni: Mehmet Batar
Mali Koordinatör: Kemal Tan
Telif İşleri Sorumlusu: Zeynep Çanakcı

Yayıma Hazırlayan: Özlem Köroğlu
Grafik Tasarım Sorumlusu: Elnârâ Ahmetzâde
Sayfa Düzeni: Ekin Dirik
Basım İzleme: Özbey Ayrım - Adem Yalçın

TÜBİTAK
Kitaplar Müdürlüğü
Akay Caddesi No: 6 Bakanlıklar Ankara
Tel: (312) 298 96 51 Faks: (312) 428 32 40
e-posta: kitap@tubitak.gov.tr
esatis.tubitak.gov.tr

Başak Matbaacılık ve Tanıtım Hizmetleri Ltd. Şti.
Macun Mahallesi Anadolu Bulvarı No: 5/15 Gimat Yenimahalle Ankara
Tel: (312) 397 16 17 Faks: (312) 397 03 07   Sertifika No: 12689

İçindekiler

- İpek Harikası 4
- İpek Tanrıçası 6
- İpeğin Sırrı 8
- İpek Böceğinin Yaşam Döngüsü 14
- Dünyada İpek 18
- İpek ve Moda 22
- Tuhaf İpekler 26
- Zaman Tüneli 28
- Sözlük 30
- Dizin 31

Kalın yazılan sözcüklerin anlamını
30. sayfadaki sözlükte bulabilirsiniz.

İpek Harikası

▲ Çin'de fotoğraftakine benzer pazarlarda ipek kumaşlar satılır.

İpek zamanının ilk **lüks** kumaşıydı. Eski Çin'de ortaya çıkışından modern çağa kadar, en iyisini almaya gücü yetenlerin birinci tercihi ipek olmuştur. İnsanlar ipeği pamuk ve yün gibi diğer kumaşlara tercih etmiştir. İpek daha pürüzsüz ve daha hafiftir. Daha güzel durur. Bazı ipek kumaşlar değerli mücevherler gibi parlar. Bunun nedeni her bir ipek **lifinin** üçgen biçiminde olmasıdır. İpek, ışığı özel bir biçimde, bir **prizma** gibi yansıtır.

İpek hava soğukken insanları sıcak, hava sıcakken serin tutabilir. İpek dokumalar diğer kumaşlar gibi buruşmaz, bu yüzden daha düzgün görünür. İpeğin bir başka hayret verici özelliği de binlerce yıl önceki keşfinden bu yana çok az değişmiş olmasıdır. İpek sadece belli bir güve türünün tırtılı tarafından yapılır. Bu böceklere "ipek böceği" adı verilir.

Bu sözcükte ne saklı?
İpek böceğinin bilimsel adı *Bombyx mori*'dir. Bu "dut ağacının ipek güvesi" demektir.

◀ İpek böceği tırtılları dut ağaçlarının yapraklarıyla beslenir.

İpek Tanrıçası

▶ Efsaneye göre Çin imparatoru Huang Di ipek giyen ilk hükümdardır.

5000 yıl önceye, Eski Çin'e gidelim... Henüz tarihin yazıya aktarılamadığı, Çinlilerin imparatorlarının bir tanrı olduğunu sandığı çağlara gidelim. **Efsaneler** ilk imparatorun genç karısının ipeği nasıl keşfettiğini aktarır. Daha henüz yirmili yaşlarda bile olmayan imparatoriçe bir dut ağacının gölgesinde oturmuş çay içerken bir ipek böceği **kozası** ağacın dalından çay fincanına düşmüş! Sıcak çay gözlerinin önünde kozayı bir arada tutan yapışkan maddenin bir kısmını çözmüş. Tek bir ipek **lifi** oluşmaya başlamış. Bunu gören imparatoriçenin aklına muhteşem bir fikir gelmiş.

Nedimelerine daha çok koza toplatmış. Nedimeler bunları sıcak suya koymuş ve liflerden iplik yapmışlar. Daha sonra zeki imparatoriçe bir **dokuma tezgâhı** yapmış ve bununla ipliği güzel bir kumaş hâline getirmiş. Kumaşı **işlemiş** ve ondan kocasına bir giysi yapmış. Bu, imparatorun hayatında gördüğü en güzel kıyafetmiş.

İmparatoriçe ipek üzerine çalışmaya devam etmiş. İpek böceklerini incelemiş. Nedimelerine nasıl koza toplanacağını, ipek ipliğinin nasıl elde edileceğini ve nasıl dokunarak kumaş hâline getirileceğini göstermiş. İmparatoriçe, "İpek Tanrıçası" diye bilinir olmuş.
Bu efsanenin gerçek mi yoksa bir masal mı yoksa ikisinin karışımı mı olduğunu hiçbir zaman öğrenemeyebiliriz. Gerçeği ne olursa olsun, ipeğin keşfi Çin'i ve dünyayı değiştirdi!

Çin'den gelen icatlar

Çinliler ipek dâhil pek çok icadın sahibi. Çin'in icatları arasında kâğıt, barut ve pusula da yer alıyor.

▼ Çin'e ait bu resim 1600'lerde yapılmış. Resimde insanlar evlerinde ipek üretiyorlar.

İpeğin Sırrı

▲ 1800'lerden kalma Çin malı bir ipek işleme. Fil çok eski çağlardan beri güç ve bilgelik sembolü olmuştur.

İlk başta, yalnızca Çin kraliyet ailesi ipek giysiler giyiyordu. İmparatorlar hediye ve ödül olarak ipek veriyordu. Çin'in her tarafında insanlar ipek üretmeye başladı ama kaynağının sırrı, yani ipek böcekleri hakkında ser verip sır vermiyorlardı. Bu harika kumaşı gören ve kullanan insanlar bile ipeğin **evcilleştirilmiş** böcekler tarafından yapıldığını bilmiyordu. Çinliler bu sırrı 2000 yıldan fazla bir süre korudu. Bu, tarihte en iyi saklanan sırdı.

İpek aşırı değer kazandı ve nasıl yapılacağını bilen yalnızca Çinlilerdi. İpek yapımı Çin'de gayet iyi düzenlenmiş bir **küçük ev sanayisine** dönüştü. Evin küçük çocukları da dâhil olmak üzere ailedeki herkes ipek üretmek için evde çalışıyordu. İpeği para yerine kullanıyor, **vergilerini** bile onunla ödüyorlardı.

İpek üretiminin denetimini ellerinde tutmak Çin kraliyet ailesini daha da zengin ve güçlü bir hâle getirdi. Kendi çıkarlarını korumak için ipeğin sırrının yabancılara açıklanmasını yasakladılar. Bu suçun cezası idamdı.

Herkes için değil

Eski Çin'de kimin ipek giyebileceği hakkında çok katı kurallar vardı. Tabii ki en iyi ipek kıyafetleri kraliyet ailesi giyebilirdi. Hükümette çalışan bazı üst düzey görevlilerin de ipekten kıyafetler giymelerine izin veriliyordu. **Âlimler** de ipek giyebilirdi. Ancak hayatlarını ipek ticaretiyle kazanan zengin tacirlerin sattıkları şeyi giymeleri yasaktı.

Eski Mısır'da Çin ipeği

MÖ 1070 yılından kalma bir Mısır mumyasının saçında Çin'den gelmiş ipeğe rastlandı. İpek ticaretinin elimizdeki en eski tarihli kanıtı budur.

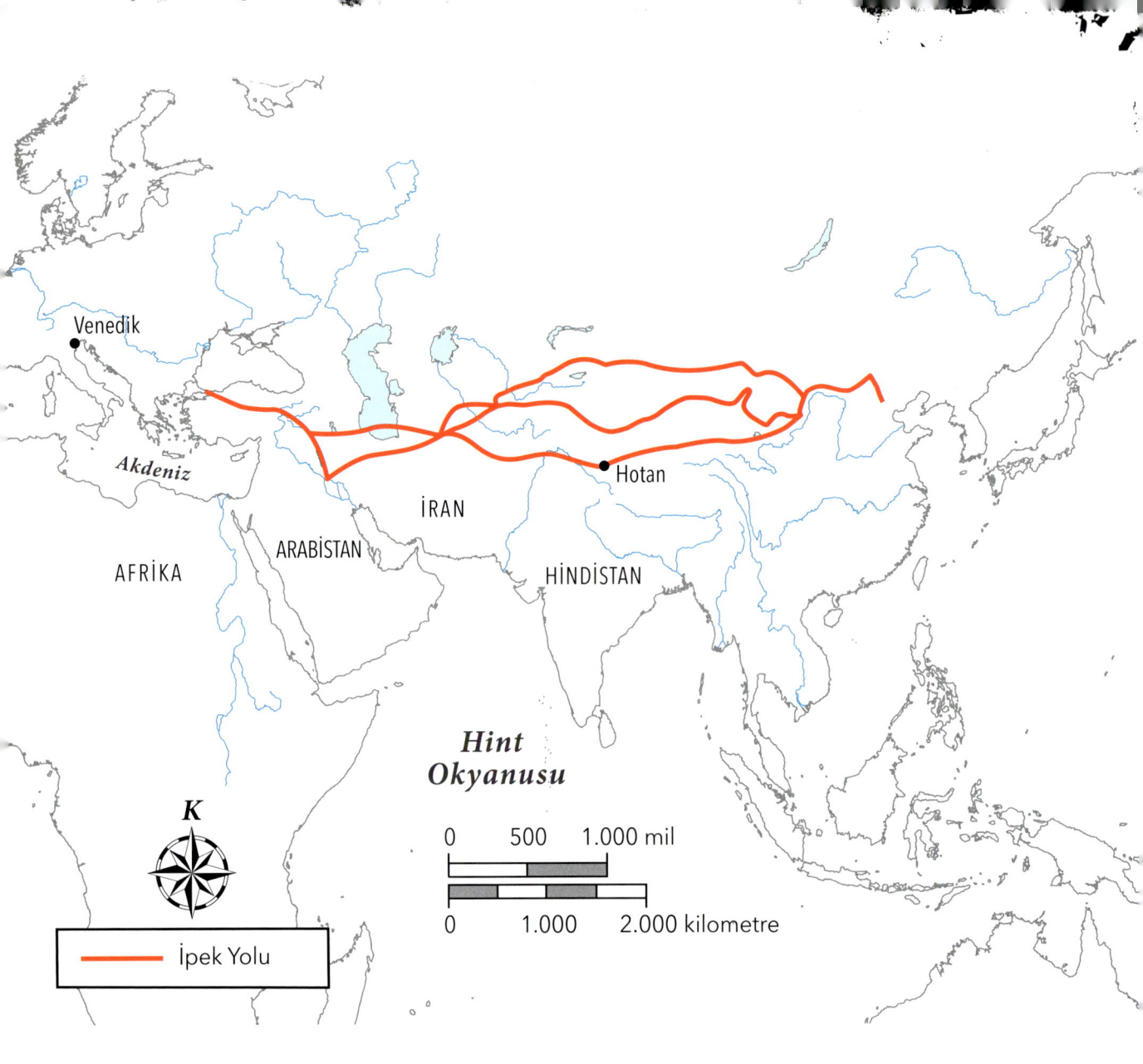

İpek Yolu

İpek Yolu bir **kervan** yolları sistemiydi. 6.500 kilometre uzunluğundaydı. Bu yollar Çin ve Asya'nın dağları ve çölleri boyunca uzanıyordu. Tüccarlar İpek Yolu'nda MÖ 200 civarında seyahat etmeye başladı.

İpek doğudan batıya ticareti yapılan başlıca mallardan biriydi. Diğer ticaret mallarının arasında yeşim, kâğıt, baharatlar, hatta üzüm vardı. Tüccarlar hayvanlarını dinlendirmek ve su içmelerini sağlamak için kasabalarda dururdu. Malların yanı sıra öykü alışverişinde de bulunurlardı.

Yeni bilgiler, fikirler ve dini inançlar böylece İpek Yolu boyunca yol alırdı. Çin artık dünyadan kopuk değildi; ancak ipeğin ana vatanına gidip gelmek hâlâ çok zor ve tehlikeliydi.

Sır açığa çıkıyor!

İpek üretmek için ipek böceği yetiştirmeye **ipek böcekçiliği** adı verilir. MS 300'lere gelindiğinde, ipek böcekçiliği Çin'den Asya'nın diğer bölgelerine yayılıyordu. Hindistan, Japonya, Kore ve İran'daki insanlar ipek böcekleri yetiştirmeye başladı. Fakat bu Asya ülkeleri ipeğin sırrını Batılılardan hâlâ gizliyordu.

Saçında ipek böcekleri olan prenses

Ünlü bir **efsanede** bir Çinli prensesin Hotan'ın Hint prensiyle evlenmeye giderken yanında götürmek üzere şık biçim verilmiş saçına ipek böceklerini nasıl sakladığını anlatır. Hotan ipekleriyle ünlenmiştir. Bu öykü doğruysa, ipeğin sırrının Hindistan'a nasıl ulaştığını açıklayabilir.

▼ Daha büyük çizilmiş bir haritadan alınan bu bölüm Marco Polo (bkz. sayfa 12-13) ve beraberindekileri İpek Yolu üzerinde gösteriyor.

İpek ve Romalılar

Romalılar ipek karşılığında çok büyük miktarlarda altın veriyordu. Buna rağmen Çin, Çinliler veya ipeğin nasıl yapıldığı hakkında neredeyse hiçbir şey bilmiyorlardı. İpeğin tırtıllardan elde edildiği hakkında en ufak bir fikirleri bile yoktu. İpeğin Çin'deki ağaçlarda yetiştiğini sanıyorlardı!

Eski çağlarda insanlar da haberler de çok uzak mesafelere erişemiyordu. Tüccarlar bile İpek Yolu'nun tamamı boyunca yolculuk etmezdi. Bu yolculuk daha çok bir bayrak yarışına benzerdi. Her tüccar toplam mesafenin yalnızca bir kısmını kat ediyordu. Her durakta mallar el değiştiriyor ve fiyat her adımda daha da artıyordu!

Roma imparatoru, halkının ipeğe olan düşkünlüğünün çok pahalıya mal olmasından korkuyordu. İpeğe bu kadar para ödememenin yolu ipek üretimini öğrenmekti. Sonunda MS 550 civarında, İmparator Justinyanus, gezici keşişlerden Asya'dan gizlice kaçırdıkları ipek böceği yumurtalarını ve dut tohumlarını edindi.
Roma İmparatorluğu ipek üretiminin yeni merkezi oldu ve **ipek böcekçiliği** Asya ve Avrupa'nın geri kalanına yayılmaya başladı.

Marco Polo (1254-1324)

Marco Polo, memleketi olan İtalya'nın Venedik kentinden yola çıkarak İpek Yolu boyunca seyahat etti. Tarihçiler onun Çin'de 20 yıldan daha fazla kalmış olabileceğini düşünüyor. İtalya'ya geri döndükten sonra insanlara gördüklerini anlattı. *Travels of Marco Polo* (Marco Polo'nun Seyahatleri) adlı bir kitap, Avrupalıların Çin İmparatorluğu'nun zenginliği ve kültürü hakkında nihayet gerçek bir fikir sahibi olmalarını sağladı.

▲ Marco Polo gençliğinde Çin'e seyahat etti.
Yaşlılığını da ülkesi İtalya'da geçirdi.

İpek Böceğinin Yaşam Döngüsü

yumurta

güve

tırtıl

pupa

▲ Bütün bunlar toplu iğne başı kadar bir yumurtayla başlar.

İpek, ipek böceği adı verilen bir böcek tarafından üretilen doğal bir **liftir**. İpek böcekleri aslında böcek değildir. İpek böcekleri, aslında bir tür güvedir ve yaşam döngülerinin bir evresinde bizim ipek böceği dediğimiz tırtıl hâline gelirler. Bir güveye dönüşme zamanları geldiğinde kendilerine **ham ipekten** yapılmış bir **koza** örerler.

İpek böceği yetiştirmek zaman alır ama her bir adım küçük çocukların bile yapabileceği kadar basittir. Minik yumurtaların olgunlaşmak için ısıya ihtiyaçları vardır. Geleneksel olarak, Çinli kadınlar yumurtaları ufak keselere koyup vücutlarına yapışık olarak taşıyorlarmış. Vücut ısıları yumurtalardan tırtıl çıkmasını sağlarmış.

Yemek, daha çok yemek!

Minik tırtıllar yumurtadan aç çıkar ve hemen yemeğe başlarlar. Tek bir şey yerler: taze dut yaprakları. Hem de ne yemek! Gece gündüz sürekli yerler. Çiğneme sesleri çatıya yağan yağmura benzer bir ses çıkarır. Büyürler ve dört kere deri değiştirirler. Bir ay içinde, ağırlıkları 10.000 kat artar!

Büyüyen ipek böcekleri vücutlarındaki ipek **bezlerinin** içinde jöleye benzer bir madde üretir. **Kozalarını** örerken bu maddeyi kullanırlar. Yapışkan sıvı havayla temas edince katılaşır.

Bir ipek böceğinin kozasını örmesi yaklaşık üç gün sürer. Bu koza aslında tek bir liften ibarettir. Bazıları bir kilometreden uzun olabilir! İpek böceği kozasını örerken bir **pupa** hâline gelir. Kozanın içinde, pupa tamamen değişerek yürüyen bir tırtıldan kanatlı bir güveye dönüşür.

◀ İpek böceği yumurtalarından tırtıllar yaklaşık 10 günde çıkar.

▼ İpek böceği kozaları beyaz veya sarı olur.

◀ İpek böceği tamamen büyüdükten sonra kozasını örmeye hazırdır.

▲ Vietnam'daki bu ipek fabrikasındaki kadınlar suda yüzen kozalardan elde edilen ham ipeği çözüyorlar.

Kozadan kumaşa

Doğada, güve dışarı çıkmak için **kozasının** bir kısmını eriten bir sıvı salgılar. Ama böyle yaparken zaten bir tane olan ipek **lifine** zarar verir.

Çoğu koza dışarı çıkmadan içindeki böceği öldürmek için ısıtılır. Buna boğma denir. İpek böceklerinden birkaçının yaşam döngülerini tamamlamalarına ve yumurtlamalarına izin verilir, çünkü ipek üretimine devam etmek için bunlar gerekecektir. Tek bir dişi güve 500 yumurta bırakabilir!

Hâlâ binlerce yıl önce Çin'de yapıldığı gibi, kozalar sıcak suya konur ve lifler de yine aynı şekilde açılır. Birkaç kozadan elde edilen lifler birbirine sarılarak tek bir tel ipek ipliği yapılır. Bu iplik bir **makaraya** sarılır. İplikler tekrar birbirine dolanarak daha güçlü, daha kalın iplikler elde edilebilir. Yalnızca 5,5 kilogram **ham ipek** elde etmek için 30.000 ila 40.000 ipek böceği gerekir. Daha sonra ham ipek dokunarak kumaş hâline getirilir. Bazıları ipeği hâlâ eski geleneksel **dokuma tezgâhlarında** dokur. Fakat ipekli kumaşların çoğu makine kullanılarak üretilir.

Yabani ipek

Bazı insanlar giysilere kumaş elde etmek için ipek böceklerinin öldürülmesini onaylamıyor. Artık bu insanlar yabani ipek giyebilir. Esmer ipek adı da verilen yabani ipek güve çıktıktan sonra kalan hasarlı kozalardan yapılıyor.

▼ İnsanlar hâlâ böyle eski dokuma tezgâhlarını kullanarak eski yöntemlerle çok şık ipek kumaşlar üretiyor.

Dünyada İpek

▲ Bu gelin düğünü için göz kamaştırıcı kırmızı bir ipek elbise tercih etmiş.

Daha fazla ülke kendi ipeğini üretmeye başladıkça fiyatlar düştü. İpek hâlâ lüks bir kumaştı ama gittikçe daha çok insanın satın alabildiği bir lükstü.

Asya'da ipek

İpek böcekçiliği Asya'nın büyük bölümünde hâlâ **küçük ev sanayisi** hâlinde sürdürülüyor. Aileler evde birlikte çalışarak para kazanmak için ipek böcekleri yetiştiriyor. İpeğin kendisi lüks bir ürün olmasına rağmen, ipek böceklerine bakmak o kadar görkemli veya zor bir iş değil.

Hindistan (Çin'in ardından) en çok ipek üreten ikinci ülkedir ve diğer bütün ülkelerden daha fazla ipek kullanır. Hintli kadınlar ipek **sariler** giyer. İpek aynı zamanda erkek ve kadınların düğün kıyafetleri için de birinci tercihtir.

Tayland'da yapılan ipekler kalitesi, güzelliği, renkleri ve tasarımlarıyla ünlüdür. Ülkenin kuzey doğu kesimindeki kadınlar tıpkı insanların yüzyıllar önce yaptığı şekilde, eski yöntemlerle dut ağaçları ve ipek böcekleri yetiştiriyorlar. Ağaçlardan **kozaları** toplayıp ipliği eğiriyor ve boyuyor, daha sonra da onu dokuyarak yurt dışında satılacak kumaşlara dönüştürüyorlar.

▼ Asya'daki insanlar ipek böceği pupalarından atıştırmalık yiyecekler yapar. Koreliler pupaları tuz ve baharatlarla haşlar. Çin'de ise sokak satıcıları şeker ve soya sosuyla tatlandırılmış kızarmış pupa satar.

▲ İtalyan ipeğinden ağır brokarlar ve desenli kadifeler dokunurdu.

Avrupa'da ipek

Araplar MS 600 civarında İran'ı ele geçirdi. Bu sayede oradaki ipek endüstrisinin denetimini de ele geçirdiler. İpek yapma sanatı bütün Arap dünyasına, Kuzey Afrika'dan İspanya'ya ve İtalya'nın kıyısındaki Sicilya adasına yayıldı.

Yeni fikirler ✓

İnsanlar yeni ipek kumaş çeşitleri ve ipeğe desenler işleyen yeni makineler icat ettiler. Buna rağmen Avrupa ve daha sonra Amerika'daki pek çok ipek üreticisi hâlâ Asya'dan gelen ham ipeğe bağımlıydı.

Fransızlar ipeği İtalya'dan alıyordu; ta ki Fransa kralı kendi ipek endüstrisini kurmaya karar verene kadar. Lyon kenti Fransız ipek ticaretinin merkezi oldu. Kral I. James (1566-1625) bugün Buckingham Sarayı olan binanın bahçesinde İngiliz ipek endüstrisini başlatmaya çalıştı. Ancak dut ağaçları orada yetişmediği için projesi başarısız oldu.

Amerika'da ipek

Öte yandan, Kral James ipek böcekçiliğini Amerika'ya yaymayı başardı. İlk ipek böcekleri 1619'da Amerika'ya ulaştı. Ne var ki Amerika'daki ipek endüstrisi **Sanayi Devrimi** olana kadar pek büyüyemedi. Asya'daki **küçük ev sanayilerinden** farklı olarak, Amerika'daki ipek üretimi büyük fabrikalarda yapılıyordu. Bu lüks kumaşın büyük bir kısmı Paterson adı verilen bir kentte yapıldığından bu kent "İpek Kenti" olarak ünlendi.

◀ Kraliçe Victoria 1840'taki düğününde beyaz ipek bir gelinlik giymişti. Beyaz ipek gelinlikler bugün de çok popülerdir.

İpek ve Moda

▲ Fransız ipek dokumacılarından biri karmaşık desenler üretmek üzere programlanabilen bir tezgâh icat etmişti. Programlar delikli kartlara kayıtlıydı. Kartlar burada tezgâhın sağında bir yığın hâlinde görülüyor.

İnsanların ham ipek üretmek için **kozaları** çözme biçimi 5000 yılda fazladır değişmedi. Fakat insanların **ham ipekle** yaptıkları sürekli değişiyor. İnsanlar tarih boyunca yeni türde kumaşlar üretmek için ipeği dokumanın ve boyamanın yeni yollarını buldular.

İyi bilinen ipekli kumaşlardan bazıları şunlardır:

- *Brokar* bir yüzünde kabartılı bir desen bulunan kalın ve ağır bir ipekli kumaştır.
- *Damasko (Şam işi dokuma)* brokara benzer ama daha yassıdır ve iki yüzü de kullanılabilir.
- *Şifon* o kadar incedir ki baktığınızda arkasını görebilirsiniz.
- *Krep* buruşuk görünüşlü hafif, yumuşak ve ince bir ipekli kumaştır.
- *Organtin* (Organza adı da verilir) ince, sert bir ipekli kumaştır.
- *Saten* sadece bir yüzü çok parlak olan bir kumaştır. Bazı satenler o kadar pürüzsüzdür ki kayganlık hissi verir.
- *Tafta* kimyasallarla işlenerek sert hâle getirilmiş ipektir.
- *Şantung* hasarlı kozalardan yapılan ipektir. Eşit uzunlukta olmayan **lifleri** yüzünden kaba, yer yer pürüzlü bir his verir.
- *Kadifenin* bir yüzü yumuşak ve tüylü, bir yüzü düzgündür.

İpekli karışımlar

Ham ipek pamuk ve yün gibi diğer doğal liflerle birlikte de dokunabilir. Bu karışık kumaşlar her bir lifin en iyi özelliklerini barındırır. Giysilerinizin neden yapıldığını etiketlerine bakarak öğrenebilirsiniz.

▼ Ham ipek çoğunlukla beyaz veya açık bejdir.

Wallace Hume Carothers (1869-1937)

Wallace Hume Carothers (aşağıda) ABD'nin Iowa eyaletinde doğdu. Birkaç yıl Illinois Üniversitesi'nde ders verdi ama daha sonra 1928'de DuPont kimya şirketinde çalışmaya başladı. Carothers'dan ipeğin yerini alacak sentetik bir madde geliştirmesini istediler. Ortaya naylon çıktı. Ayrıca sentetik bir kauçuk türü olan neopreni de o icat etti.

İpek çoraplar

İlk ipek çoraplar 1500'lerde üretildi. Bunları hem erkekler hem de kadınlar giyerdi. Ondan önce çoraplar diğer doğal liflerden, özellikle de yünden yapılırdı. Ama ipek yün gibi kaşındırmadığından daha güzel bir his veriyordu.

Bugün bazı kadınlar hâlâ ipek çorap tercih ediyor ancak artık çok daha ucuz seçenekler de mevcut. ABD'deki DuPont şirketindeki bilim insanları kimyasallarla deneyler yaparak **naylon** gibi ipeğe benzer **sentetik** kumaşlar, üretmenin yollarını buldular. Naylon çoraplar 1940'larda bir moda çılgınlığına dönüştü.

▶ Naylon çoraplar da ipek kadar inceydi ama çok daha ucuzdu.

Modanın maliyeti

İpek, moda tasarımcıları ile ipeğin görüntüsünü beğenenler için çok güzel bir seçenektir. Aynı zamanda çevre dostudur. Birleşmiş Milletler insanların dikkatini ipek gibi doğal liflerin yararlarına çekmek için 2009'u Uluslararası Doğal Lifler Yılı ilan etmiştir.

İpek çiftlikleri kirliliğe yol açmaz. İpek, Hindistan ve Asya'nın diğer bölgelerinin kırsal kesimlerinde yaşayan yoksul aileler için önemli bir gelir kaynağıdır. Ne var ki insan hakları örgütleri Hindistan'daki ipek sanayisinde çocukların köle gibi çalıştırılmalarından kaygı duyuyor. Bazı raporlara göre, 14 yaşın altındaki çocuklar haftada 80 saat veya daha üzerinde, kötü ve tehlikeli şartlar altında çalıştırılıyor.

▼ Bu raflar dolusu koza Vietnam'daki bir ipek çiftliğinden.

Tuhaf İpekler

▲ İpek fotoğrafta görünen türde makyaj malzemelerinde bileşen olarak kullanılabilir.

Günümüzde ipek gibi görünen ve ipek hissi veren pek çok yeni kumaş vardır. Fakat ipek moda olmaktan çıksa da ipeğin başka pek çok kullanım alanı da vardır. Çok eskiden, Asya'da insanlar ipekten yumuşak vücut zırhları yapıyordu. Birinci Dünya Savaşı'nda ipek paraşütler sayesinde askerler sağ salim yere inebildi. Doktorlar yaraları dikmek için ipek kullanıyordu. Bazı olta misinaları ipekten yapılır. Bisiklet lastiklerinin yapımında hâlâ ipek kullanılır. Hatta ipek öğütülerek yumuşak bir toz hâline getirilir ve makyaj malzemelerinin yapımında kullanılır.

Süper ipek

İpek sağlamdır ancak örümcek ağlarını meydana getiren **lifler** daha da sağlamdır. Bugüne kadar kimse süper güçlü ipeklerinden yararlanmak üzere örümcek yetiştirmeyi başaramadı. Sorunlardan biri, ipek böceklerinin aksine örümceklerin birbirlerine yakın veya bir arada yaşayamamalarıdır. Örümcekler birbiriyle kavga eder, hatta birbirlerini yerler.

Örümcekler **evcilleştirilemediği** için bilim insanları evcilleştirilmiş ipek böceklerinden daha da güçlü ipek elde etmenin yollarını arıyorlar. Bunu başarmış da olabilirler! İpek böceklerinin daha dayanıklı veya daha elastik lifler üretebileceklerini keşfettiler. Bu ne kadar hızlı koza örmek zorunda kaldıklarına bağlı. Bu süper ipeklerle daha iyi tıbbi malzemeler, emniyet kemerleri, hatta belki daha gelişmiş kurşun geçirmez yelekler yapılabilir.

▼ Örümcek ağlarındaki lifler ipek liflerinin onda biri kalınlıktadır ama buna rağmen insan yapımı tüm liflerden daha güçlü ve esnektir.

Biliyor muydunuz?

İpekten bunların hepsi yapılabilir:
- olta misinaları
- paraşütler
- el yelpazeleri
- perdeler
- uçurtmalar
- oyuncaklar
- halılar
- kravatlar
- çarşaflar
- kurdeleler
- çoraplar
- diş ipi
- bisiklet lastikleri
- gelinlikler
- müzik aletlerinin telleri

Zaman Tüneli

Tarihler çoğunlukla yaklaşık olarak verilmiştir.

MÖ 3000

MÖ 2700
Çin'de ipeğin keşfi

MÖ 2697-2597
Çin'in ilk imparatoru – "Sarı İmparator"un – saltanatı

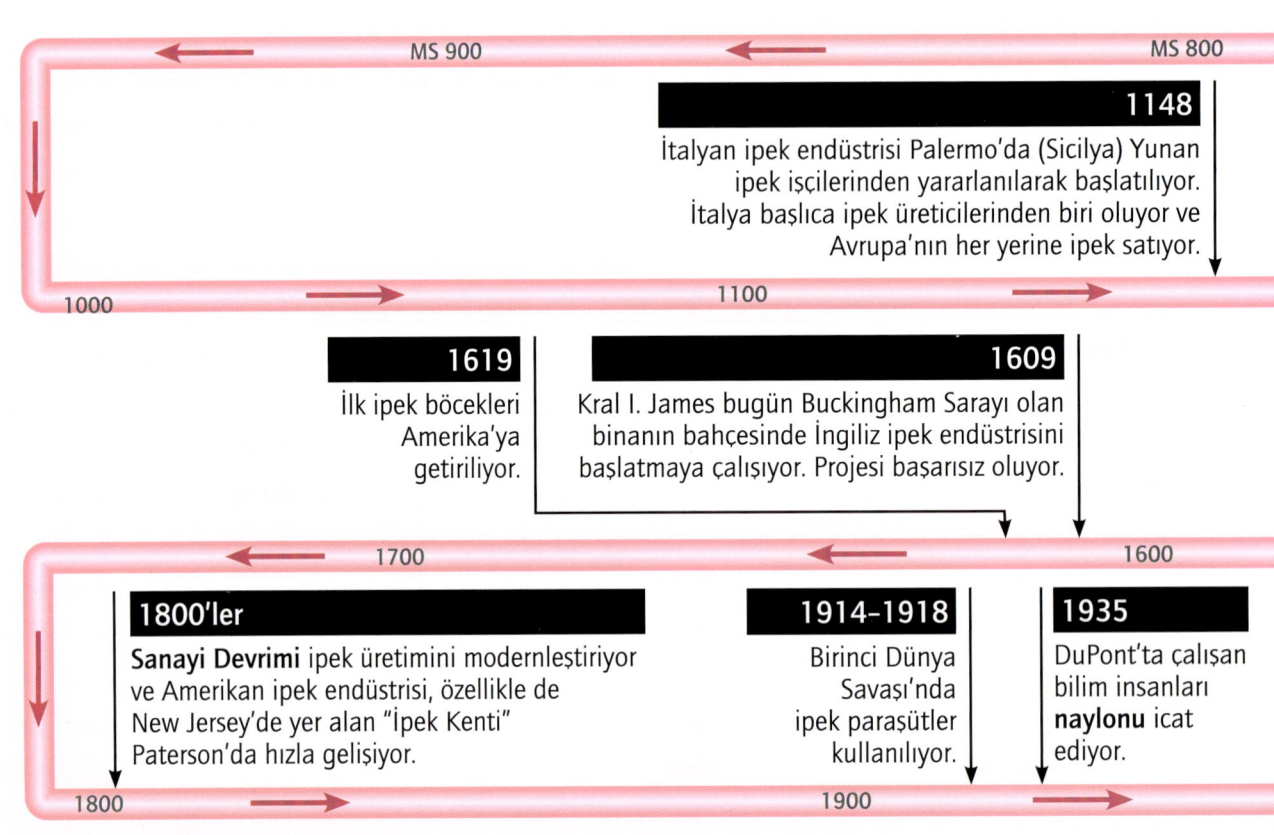

0 → **MS 100** → **MS 200** →

MS 300
İpek böcekçiliği Çin'den Hindistan, Kore ve İran'a yayılıyor.

MS 300 → **MS 800** → **MS 900** → **1000** → **1100** →

1148
İtalyan ipek endüstrisi Palermo'da (Sicilya) Yunan ipek işçilerinden yararlanılarak başlatılıyor. İtalya başlıca ipek üreticilerinden biri oluyor ve Avrupa'nın her yerine ipek satıyor.

1600 → **1700** → **1800** →

1619
İlk ipek böcekleri Amerika'ya getiriliyor.

1609
Kral I. James bugün Buckingham Sarayı olan binanın bahçesinde İngiliz ipek endüstrisini başlatmaya çalışıyor. Projesi başarısız oluyor.

1800'ler
Sanayi Devrimi ipek üretimini modernleştiriyor ve Amerikan ipek endüstrisi, özellikle de New Jersey'de yer alan "İpek Kenti" Paterson'da hızla gelişiyor.

1914-1918
Birinci Dünya Savaşı'nda ipek paraşütler kullanılıyor.

1935
DuPont'ta çalışan bilim insanları **naylonu** icat ediyor.

1900 →

Bu sembol zaman tünelinde bir ölçek değişikliği olan veya önemli bir gelişme yaşanmadığı için uzun zaman aralıklarının atlandığı yerleri gösterir.

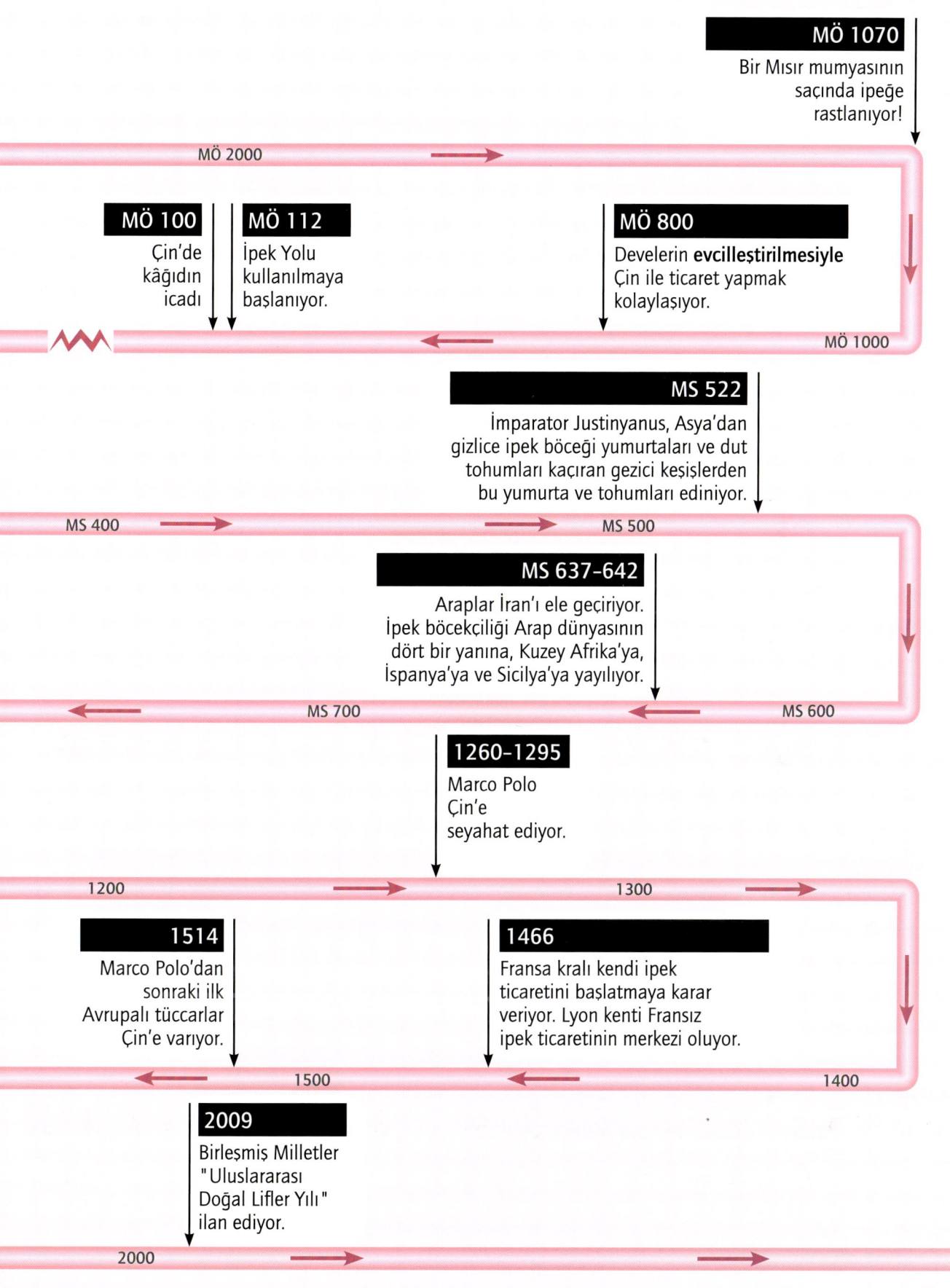

MÖ 1070
Bir Mısır mumyasının saçında ipeğe rastlanıyor!

MÖ 2000

MÖ 100
Çin'de kâğıdın icadı

MÖ 112
İpek Yolu kullanılmaya başlanıyor.

MÖ 800
Develerin **evcilleştirilmesiyle** Çin ile ticaret yapmak kolaylaşıyor.

MÖ 1000

MS 522
İmparator Justinyanus, Asya'dan gizlice ipek böceği yumurtaları ve dut tohumları kaçıran gezici keşişlerden bu yumurta ve tohumları ediniyor.

MS 400   MS 500

MS 637-642
Araplar İran'ı ele geçiriyor. İpek böcekçiliği Arap dünyasının dört bir yanına, Kuzey Afrika'ya, İspanya'ya ve Sicilya'ya yayılıyor.

MS 700   MS 600

1260-1295
Marco Polo Çin'e seyahat ediyor.

1200   1300

1514
Marco Polo'dan sonraki ilk Avrupalı tüccarlar Çin'e varıyor.

1466
Fransa kralı kendi ipek ticaretini başlatmaya karar veriyor. Lyon kenti Fransız ipek ticaretinin merkezi oluyor.

1500   1400

2009
Birleşmiş Milletler "Uluslararası Doğal Lifler Yılı" ilan ediyor.

2000

Sözlük

âlim Belli bir konudaki bilgisi nedeniyle saygı duyulan yetişkin öğrenci veya kişi.

bezler Vücudun kanda bulunan maddeleri kullanarak yeni bir şeyler üreten kısımları.

dokuma tezgâhı İplikten kumaş dokumakta kullanılan makine.

efsane Nesilden nesle anlatılan kadim öyküler.

evcilleştirmek Bir hayvanı insanlarla yaşamak üzere eğitmek. Çiftlik hayvanları, atlar ve köpekler evcil hayvanlara örnektir.

ham ipek Boyanmadan önce doğal hâlindeki ipek ipliği veya kumaşı.

ipek böcekçiliği İpek üretmek ve satmak için ipek böceği yetiştirme sanatı ve bilimi.

işlemek Bir kumaşa süs olarak bir desen dikmek.

kervan Develer üzerinde, güvenlik için gruplar hâline yolculuk eden tüccarlar.

koza Bir tırtılın güveye dönüşürken kendisini çevreleyip korumak için ördüğü şey.

küçük ev sanayisi İnsanların evlerinde kendi aletlerini kullanarak yaptıkları işler.

lif Bir maddeyi oluşturan, uzun, ince, ip benzeri parçası.

lüks İnsanların istedikleri ama olmadan da yaşayabilecekleri pahalı veya elde edilmesi zor şeyler.

makara Çevresine iplik sarılan silindir. Pek çok insan dikiş kutularında makaralara sarılı iplik bulundurur.

naylon Kimyasal lifler kullanılarak yapılan bir kumaş. Naylon ayrıca fırça ve kap yapımında da kullanılır.

prizma Uzun bir üçgen biçiminde kesilmiş ve ışığı gökkuşağı meydana getirecek şekilde yansıtan cam parçası.

pupa Bir böceğin yaşam döngüsünde kozanın içinde olduğu evre.

Roma İmparatorluğu Yüzlerce yıl boyunca Orta Doğu'dan Britanya'ya kadar toprakları ve halkları yöneten imparatorluk.

Sanayi Devrimi Yaklaşık 1750'den 1850'ye kadar süren ve insanların büyük ölçekli işler için yakıtla çalışan makineleri ilk defa kullanmaya başladıkları dönem.

sari Hintli kadınlar tarafından giysi olarak giyilen uzun dikdörtgen kumaş. Sari bele sarılır ve bir omuz üzerine atılır.

sentetik İnsan yapımı (kimyasallardan) olan ve doğada bulunmayan madde.

vergi Ülke yönetimine ödenen para.

Dizin

Amerika 21
Arap dünyası 20
Asya 6-11, 19, 20, 25
atıştırmalık yiyecek 19

boğma 17
brokar 23

Carothers, Wallace Hume 24

Çin 6-9, 10, 11, 19
çocuk işçiler 25
çoraplar 24

damasko (Şam işi dokuma) 23
doğal lifler 14, 24, 25
dokuma 17, 19, 20, 22
dut ağaçları 5, 14, 19, 21
düğün kıyafetleri 18, 19, 21

efsaneler 6-7, 11

Fransa 21

güveler 14, 15, 16, 17

ham ipek 14, 16, 17, 20, 22, 23
Hindistan 11, 19, 25

ipek böcekçiliği (ipek üretimi)
    9, 11, 12, 16-17, 19, 20-21
ipek böcekleri 5, 6, 8, 11, 12,
    14-17, 19, 21, 25, 27
İpek Tanrıçası 7
ipek ticareti 9, 10-11, 12
İpek Yolu 10-11, 12
ipeğin çevreye yararları 25
ipeğin kullanım alanları 26, 27
ipeğin özellikleri 4, 5
ipeğin tarihi 6-14
ipek kumaşlar 23
İtalya 20, 21

kadife 23
karışımlar 23
kozalar 6, 14, 15, 16, 17, 19, 22
krep 23
küçük ev sanayisi 7, 9, 19

lifler ve iplikler 4, 15, 16, 17

lüks kumaş 4, 18, 19

makaralar 17

naylon 24

organtin (organza) 23

örümcek ağı 27

Polo, Marco 11, 12, 13
prizma 4
pupalar 15, 19

Romalılar 12

Sanayi Devrimi 21
saten 23
sentetik kumaşlar 24

şantung 23
şifon 23

tafta 23
Tayland 19
tırtıllar 5, 14, 15

yabani ipek 17
yumurtalar 14, 15, 17

Görseller

Yayıncı kuruluş, telif hakkına konu malzemenin çoğaltılmasına izin veren ve aşağıda anılan kişi ve kuruluşlara teşekkürlerini sunar:

Alamy s. 4 (© Robert Harding Picture Library Ltd), 22, 24 sol (© World History Archive); Ancient Art & Architecture s. 6 (Uniphoto); The Art Archive s. 7 (Victoria and Albert Museum London/Eileen Tweedy); Corbis s. 13 (Bettmann), 20 (Massimo Listri), 21 (Olix Wirtinger); Getty Images s. 11 (MPI),; iStockphoto s. 17 (© Terraxplorer), 27 (© Amber Plank), 24 sağ (© Beeldbewerking); Photolibrary s. 8 (De Agostini Editore/A Dagli Orti), 16 (Imagebroker.net/Gerhard Zwerger-Schoner), 15 alt (Peter Arnold); Science Photo Library s. 14 üst (E. R. Degginger); Shutterstock s. iii (© Holbox), 5 (© Tonobalaguerf), 15 sağ (© Gelinshu), 18 (© Anyka), 19 (© Stanislav Komogorov), 23 (© Christopher Waters), 24 (© Anka Kaczmarzyk), 26 (© Subbotina Anna).

Kapaktaki, İtalya'nın Como bölgesinde bir dükkanın rafındaki kravatlar fotoğrafı Shutterstock'ın (© Alexander Chaikin) izniyle kullanılmıştır.

Bu kitabın hazırlanmasında çok değerli katkılarını bizden esirgemeyen Ann Fullick'e teşekkürü borç biliriz.

Bu kitapta kullanılan materyallerin hak sahiplerine ulaşmak için her türlü çaba gösterilmiştir. Yayıncıya bildirilmesi durumunda her türlü eksiklik sonraki basımlarda giderilecektir.